escola - school   2
viagem - travel   5
transporte - transport   8
cidade - city   10
paisagem - landscape   14
restaurante - restaurant   17
supermercado - supermarket   20
bebidas - drinks   22
comida - food   23
fazenda - farm   27
casa - house   31
sala de estar - living room   33
cozinha - kitchen   35
banheiro - bathroom   38
quarto de criança - child's room   42
vestuário - clothing   44
escritório - office   49
economia - economy   51
profissões - occupations   53
ferramentas - tools   56
instrumentos musicais - musical instruments   57
zoológico - zoo   59
esportes - sports   62
atividades - activities   63
família - family   67
corpo - body   68
hospital - hospital   72
emergência - emergency   76
Terra - Earth   77
relógio - clock   79
semana - week   80
ano - year   81
formas - shapes   83
cores - colours   84
opostos - opposites   85
números - numbers   88
idiomas - languages   90
quem / o quê / como - who / what / how   91
onde - where   92

Impressum
Verlag: BABADADA GmbH, Nedderfeld 112 , 22529 Hamburg
Geschäftsführer / Verlagsleitung: Harald Hof
Druck: Books on Demand GmbH, In de Tarpen 42, 22848 Norderstedt

Imprint
Publisher: BABADADA GmbH, Nedderfeld 112 , 22529 Hamburg, Germany
Managing Director / Publishing direction: Harald Hof
Print: Books on Demand GmbH, In de Tarpen 42, 22848 Norderstedt

escola

school

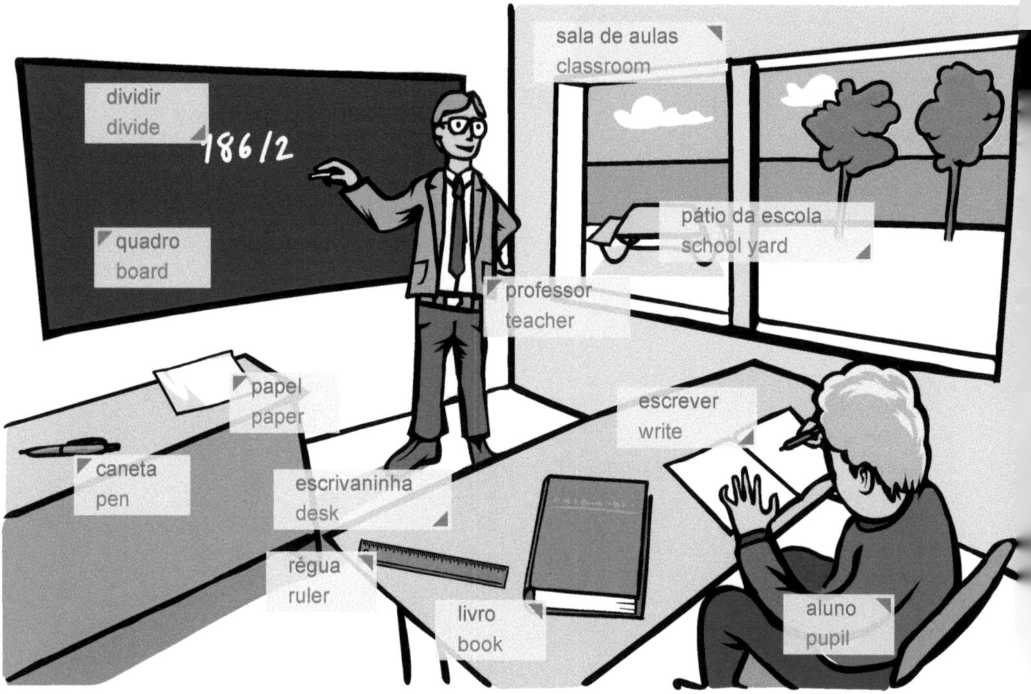

sala de aulas
classroom
dividir
divide
186/2
quadro
board
pátio da escola
school yard
professor
teacher
papel
paper
escrever
write
caneta
pen
escrivaninha
desk
régua
ruler
livro
book
aluno
pupil

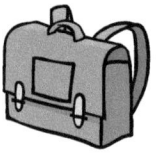

sacola

satchel

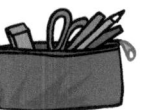

estojo de lápis

pencil case

lápis

pencil

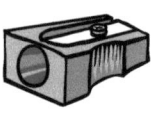

apontador de lápis

pencil sharpener

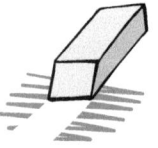

borracha

rubber

bloco de desenho

drawing pad

desenho

drawing

pincel

paintbrush

estojo de tintas

paint box

tesoura

scissors

cola

glue

livro de exercícios

exercise book

lição de casa

homework

número

number

2+2

somar

add

5-2

subtrair

subtract

multiplicar

multiply

calcular

calculate

letra

letter

alfabeto

alphabet

palavra

word

texto

text

ler

read

giz

chalk

hora

lesson

registro da classe

register

exame

exam

certificado

certificate

uniforme escolar

school uniform

educação

education

enciclopédia

encyclopedia

universidade

university

microscópio

microscope

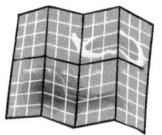

mapa

map

cesto de lixo

waste-paper basket

viagem
travel

hotel
hotel
Grand
albergue
hostel
ROOMS
casa de câmbio
bureau de change
mala
suitcase
carro
car

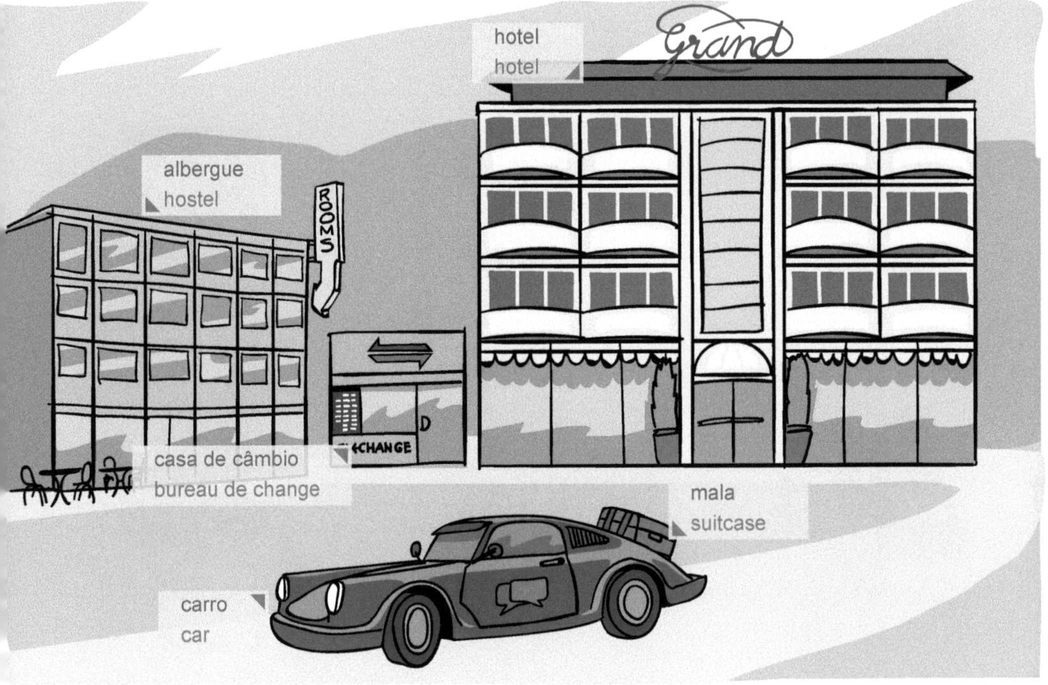

idioma

language

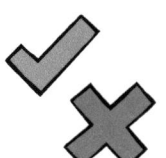

sim / não

yes / no

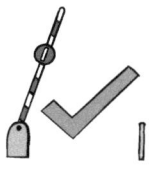

ok

Okay

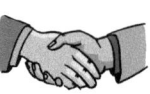

Olá

hello

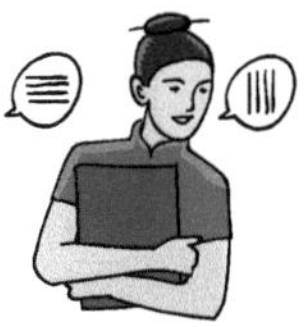

tradutor

translator

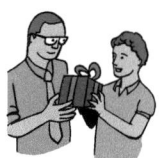

obrigado

Thank you

quanto custa...?

how much is...?

eu não entendo

I do not understand

problema

problem

boa noite!

Good evening!

Bom dia!

Good morning!

Boa noite!

Good night!

até logo

bye bye

direção

direction

bagagem

luggage

bolsa

bag

mochila

backpack

convidado

guest

quarto

room

saco de dormir

sleeping bag

barraca

tent

informação turística

tourist information

praia

beach

cartão de crédito

credit card

café da manhã

breakfast

almoço

lunch

jantar

dinner

bilhete

ticket

elevador

lift

selo

stamp

fronteira

border

alfândega

customs

embaixada

embassy

visto

visa

passaporte

passport

transporte
transport

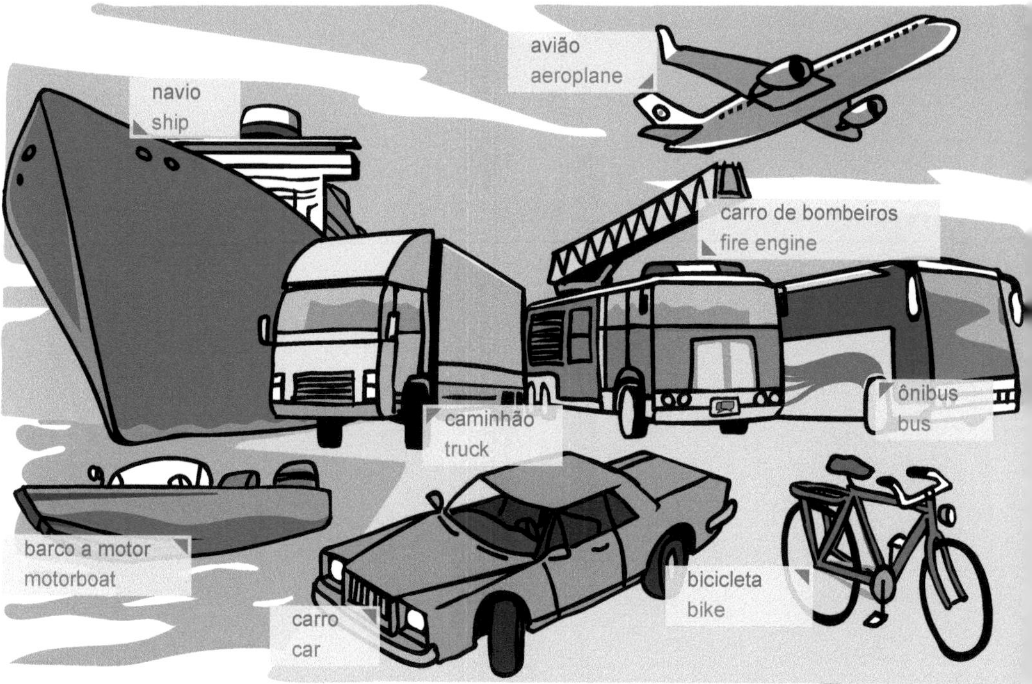

avião
aeroplane
navio
ship
carro de bombeiros
fire engine
ônibus
bus
caminhão
truck
barco a motor
motorboat
bicicleta
bike
carro
car

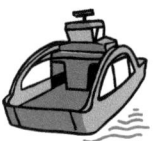

balsa

ferry

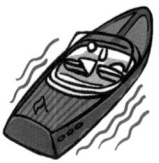

barco

boat

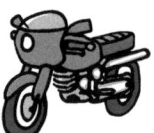

motocicleta

motorbike

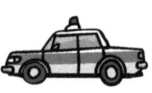

veículo policial

police car

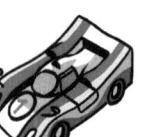

carro de corrida

racing car

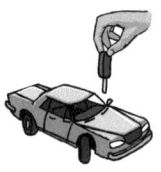

carro de aluguel

rental car

compartilhamento de automóvel

car sharing

caminhão de reboque

breakdown truck

caminhão de lixo

refuse truck

motor

motor

combustível

fuel

posto de gasolina

petrol station

placa de trânsito

traffic sign

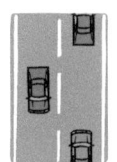

trânsito

traffic

trânsito lento

traffic jam

estacionamento

car park

estação de trem

train station

trilhos

tracks

trem

train

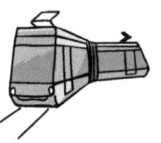

bonde

tram

vagão

carriage

helicóptero
helicopter

aeroporto
airport

torre
tower

passageiro
passenger

contêiner
container

cartolina
carton

carroça
cart

cesto
basket

decolar / pousar
take off / land

cidade

city

vilarojo
village

centro da cidade
city centre

casa
house

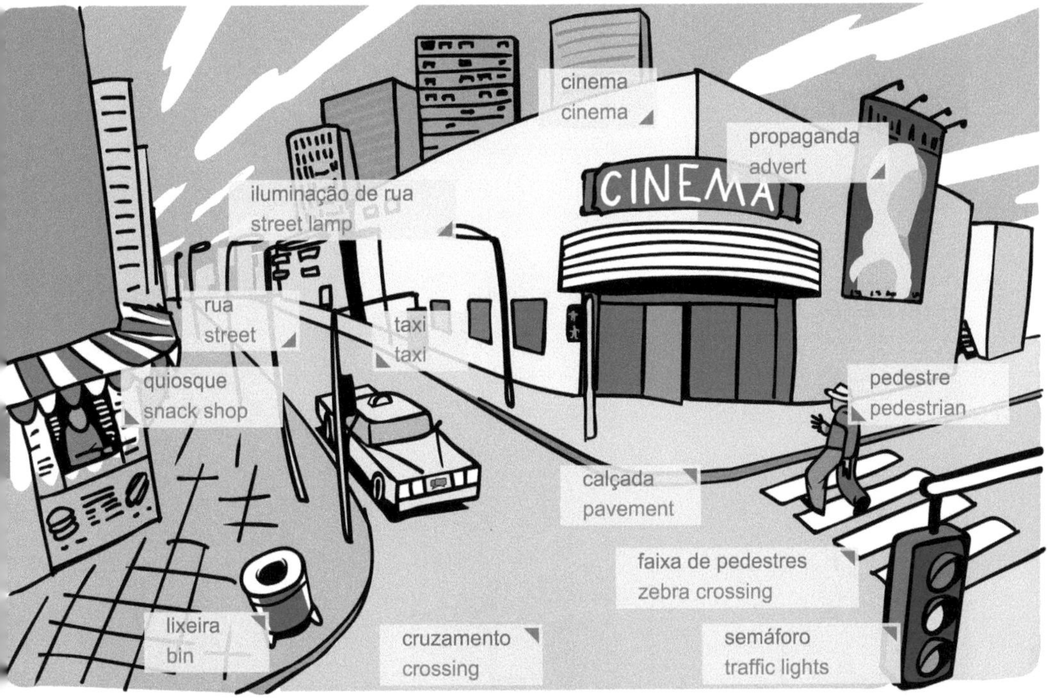

cinema
cinema

propaganda
advert

iluminação de rua
street lamp

CINEMA

rua
street

taxi
taxi

quiosque
snack shop

pedestre
pedestrian

calçada
pavement

faixa de pedestres
zebra crossing

lixeira
bin

cruzamento
crossing

semáforo
traffic lights

cabana

hut

apartamento

flat

estação de trem

train station

prefeitura

town hall

museu

museum

escola

school

universidade

university

banco

bank

hospital

hospital

hotel

hotel

farmácia

pharmacy

escritório

office

livraria

book shop

loja

shop

floricultura

florist's

supermercado

supermarket

mercado

market

loja de departamentos

department store

peixaria

fishmonger's

centro comercial

shopping centre

porto

harbour

parque

park

banco

bench

ponte

bridge

escadas

stairs

metrô

underground

túnel

tunnel

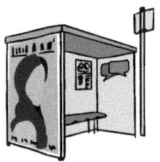

ponto de ônibus

bus stop

bar

bar

restaurante

restaurant

caixa de correspondência

postbox

placa de rua

street sign

parquímetro

parking meter

zoológico

zoo

piscina

swimming pool

mesquita

mosque

cidade - city

fazenda
farm

poluição
pollution

cemitério
graveyard

igreja
church

parquinho
playground

templo
temple

paisagem
landscape

folha
leaf

placa de sinalização
signpost

caminho
way

gramado
meadow

pedra
stone

árvore
tree

caminhantes
hiker

rio
river

grama
grass

flor
flower

vale

valley

montanha

hill

lago

lake

floresta

forest

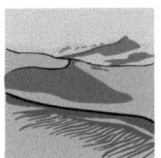

deserto

desert

vulcão

volcano

castelo

castle

arco-íris

rainbow

cogumelo

mushroom

palmeira

palm tree

mosquito

mosquito

mosca

fly

formiga

ant

abelha

bee

aranha

spider

besouro
beetle

sapo
frog

esquilo
squirrel

ouriço
hedgehog

lebre
hare

coruja
owl

pássaro
bird

cisne
swan

javali
boar

veado
deer

alce
moose

barragem
dam

aerogerador
wind turbine

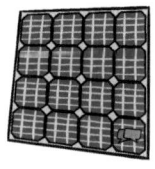

painel solar
solar panel

clima
climate

restaurante
restaurant

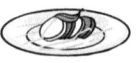

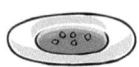

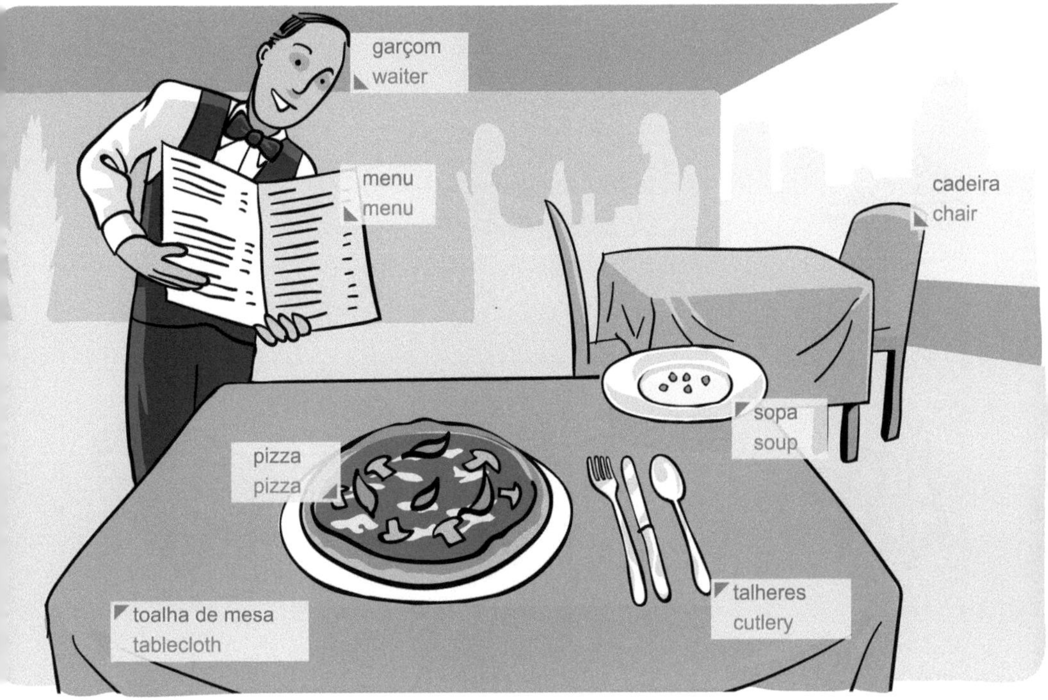
garçom
waiter
menu
menu
cadeira
chair
sopa
soup
pizza
pizza
talheres
cutlery
toalha de mesa
tablecloth

entrada

starter

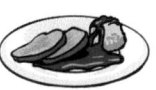

prato principal

main course

sobremesa

dessert

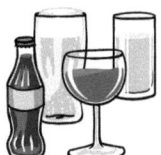

bebidas

drinks

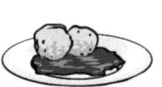

comida

food

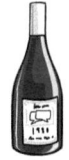

garrafa

bottle

fastfood

fast food

comida de rua

street food

bule de chá

teapot

açucareiro

sugar bowl

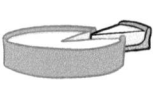

porção

portion

máquina de expresso

espresso machine

cadeirão

high chair

conta

bill

bandeja

tray

faca

knife

garfo

fork

colher

spoon

colher de chá

teaspoon

guardanapo

serviette

copo

glass

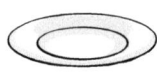

prato

plate

prato de sopa

soup plate

pires

saucer

molho

sauce

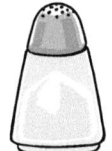

saleiro

salt pot

moedor de pimenta

pepper mill

vinagre

vinegar

óleo

oil

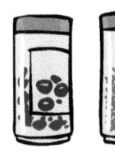

especiarias

spices

ketchup

ketchup

mostarda

mustard

maionese

mayonnaise

supermercado
supermarket

oferta especial
special offer
FOR
cliente
customer
laticínios
dairy
frutas
fruit
carrinho de compras
trolley

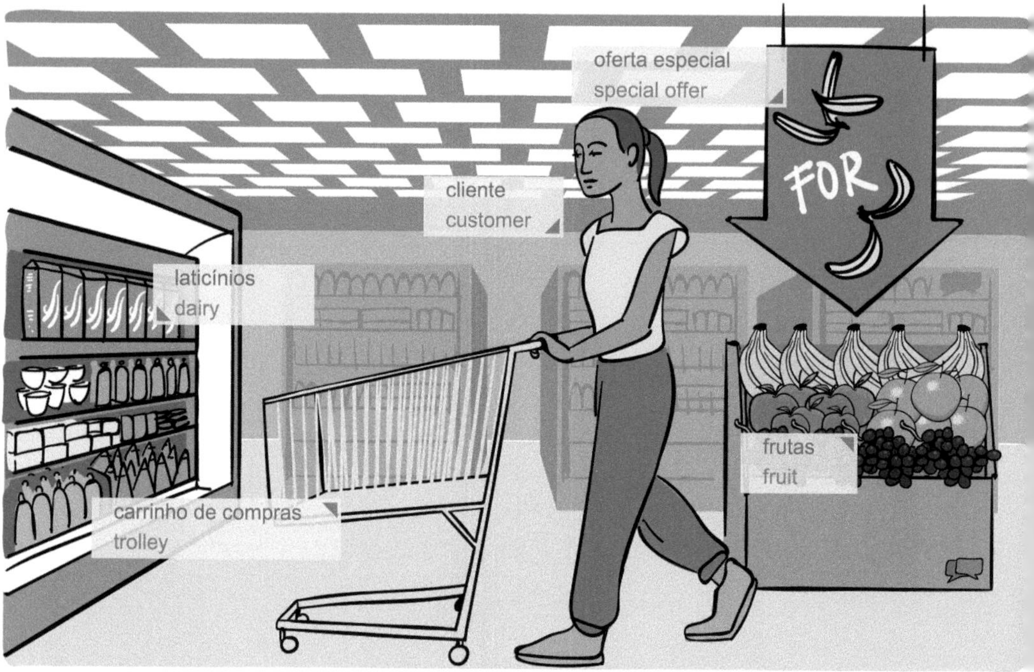

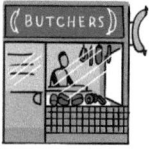

BUTCHERS

açougue

butcher´s

BAKERY

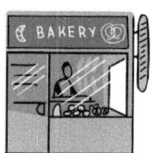

padaria

baker´s

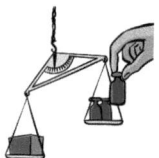

pesar

weigh

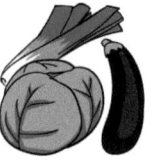

legumes

vegetables

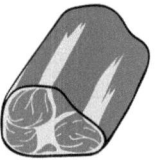

carne

meat

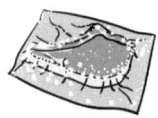

congelados

frozen food

charcutaria

cold meat

conservas

tinned food

detergente em pó

washing powder

doces

sweets

artigos domésticos

household products

produtos de limpeza

cleaning products

vendedora

salesperson

caixa

till

caixa

cashier

lista de compras

shopping list

horário de funcionamento

opening hours

carteira

wallet

cartão de crédito

credit card

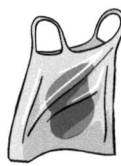

sacola

bag

saco plástico

plastic bag

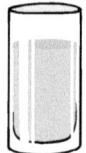

água

water

suco

juice

leite

milk

coca-cola

coke

vinho

wine

cerveja

beer

álcool

alcohol

cacau

cocoa

chá

tea

café

coffee

expresso

espresso

cappuccino

cappuccino

banana

banana

maçã

apple

laranja

orange

melão

melon

limão

lemon

cenoura

carrot

alho

garlic

bambu

bamboo

cebola

onion

cogumelo

mushroom

nozes

nuts

macarrão

noodles

espaguete

spaghetti

arroz

rice

salada

salad

batatas fritas

chips

batatas frias

fried potatoes

pizza

pizza

hambúrger

hamburger

sanduíche

sandwich

escalope

cutlet

presunto

ham

salame

salami

salsicha

sausage

galinha

chicken

assado

roast

peixe

fish

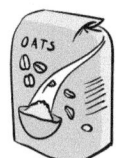

flocos de aveia

porridge oats

granola

muesli

flocos de milho

cornflakes

farinha

flour

croissant

croissant

pãozinho

bread roll

pão

bread

torrada

toast

biscoitos

biscuits

manteiga

butter

requeijão

curd

bolo

cake

ovo

egg

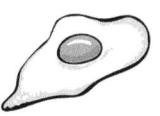

ovo frito

fried egg

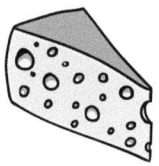

queijo

cheese

comida - food

sorvete

ice cream

açúcar

sugar

mel

honey

geleia

jam

creme de avelãs

chocolate spread

curry

curry

fazenda
farm

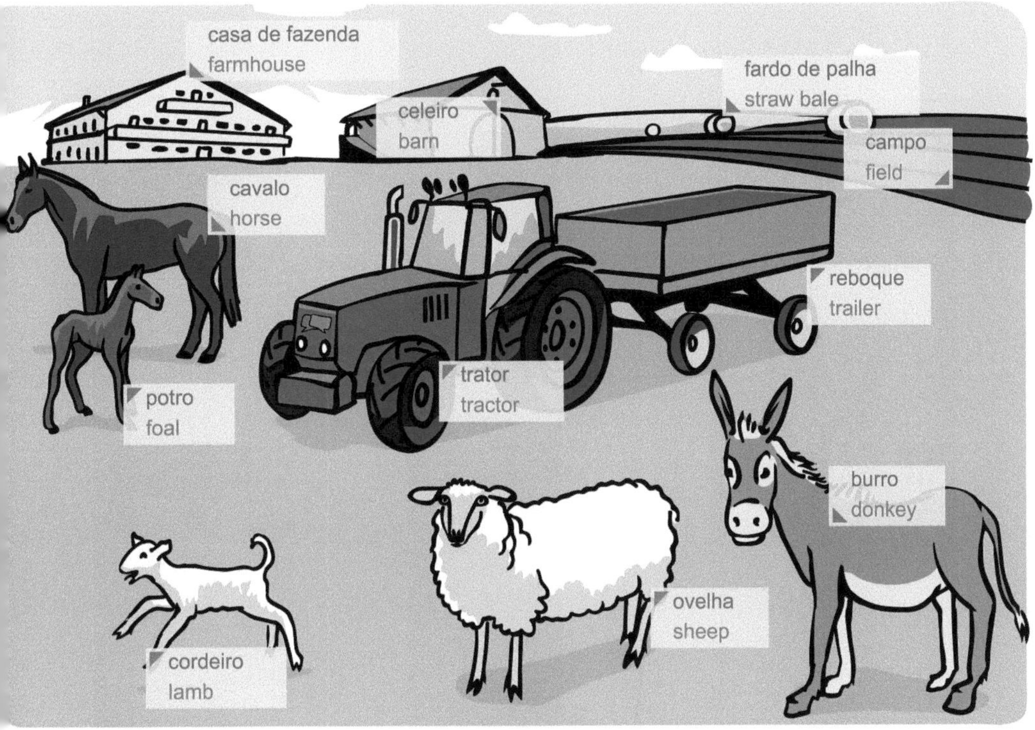

casa de fazenda
farmhouse
celeiro
barn
fardo de palha
straw bale
campo
field
cavalo
horse
reboque
trailer
trator
tractor
potro
foal
burro
donkey
ovelha
sheep
cordeiro
lamb

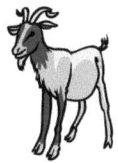

cabra
goat

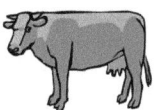

vaca
cow

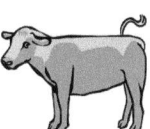

bezerro
calf

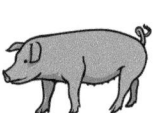

porco
pig

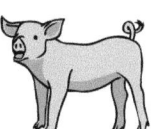

leitão
piglet

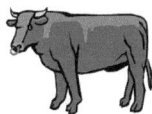

touro
bull

ganso
goose

pato
duck

pintinho
chick

galinha
hen

galo
cock

ratazana
rat

gato
cat

camundongo
mouse

boi
ox

cachorro
dog

casinha do cachorro
doghouse

mangueira de jardim
garden hose

regador
watering can

foice
scythe

arado
plough

foice

sickle

enxada

hoe

forquilha

pitchfork

machado

axe

carrinho de mão

wheelbarrow

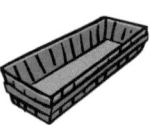

manjedoura

trough

jarra de leite

milk can

saco

sack

cerca

fence

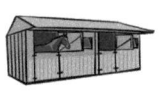

estábulo

stable

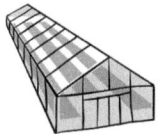

estufa

greenhouse

solo

soil

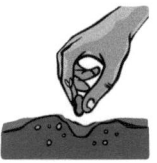

semente

seed

fertilizante

fertilizer

colheitadeira

combine harvester

colher

harvest

colheita

harvest

inhame

yams

trigo

wheat

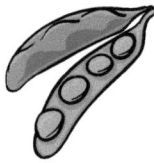

soja

soy

batata

potato

milho

corn

colza

rapeseed

árvore frutífera

fruit tree

mandioca

cassava

cereais

cereals

casa
house

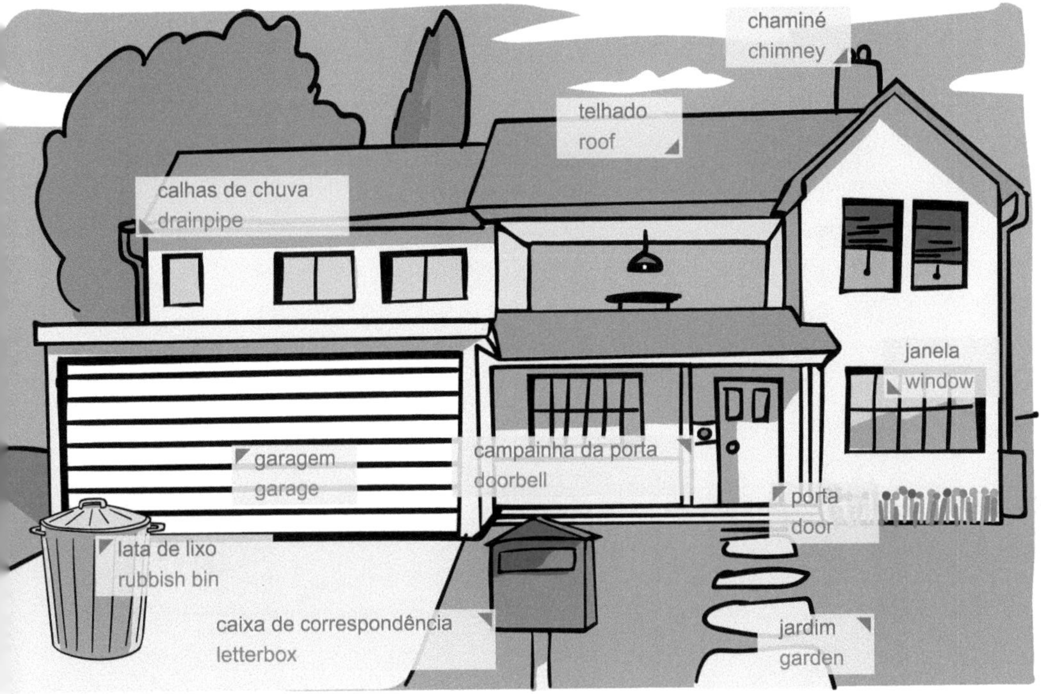

chaminé
chimney
telhado
roof
calhas de chuva
drainpipe
janela
window
garagem
garage
campainha da porta
doorbell
porta
door
lata de lixo
rubbish bin
caixa de correspondência
letterbox
jardim
garden

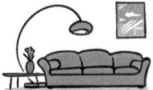

sala de estar

living room

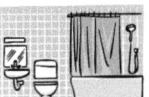

banheiro

bathroom

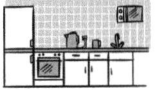

cozinha

kitchen

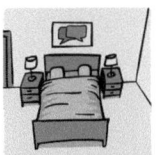

quarto de dormir

bedroom

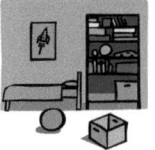

quarto de criança

child's room

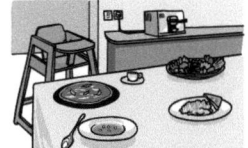

sala de jantar

dining room

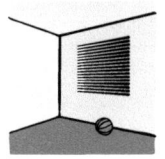

chão

floor

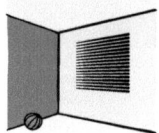

parede

wall

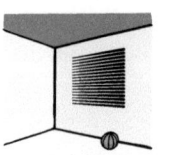

teto

ceiling

porão

cellar

sauna

sauna

varanda

balcony

terraço

terrace

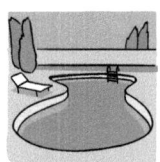

piscina

pool

cortador de grama

lawn mower

lençol

sheet

coberta

bedspread

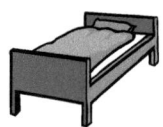

cama

bed

vassoura

broom

balde

bucket

interruptor

switch

sala de estar
living room

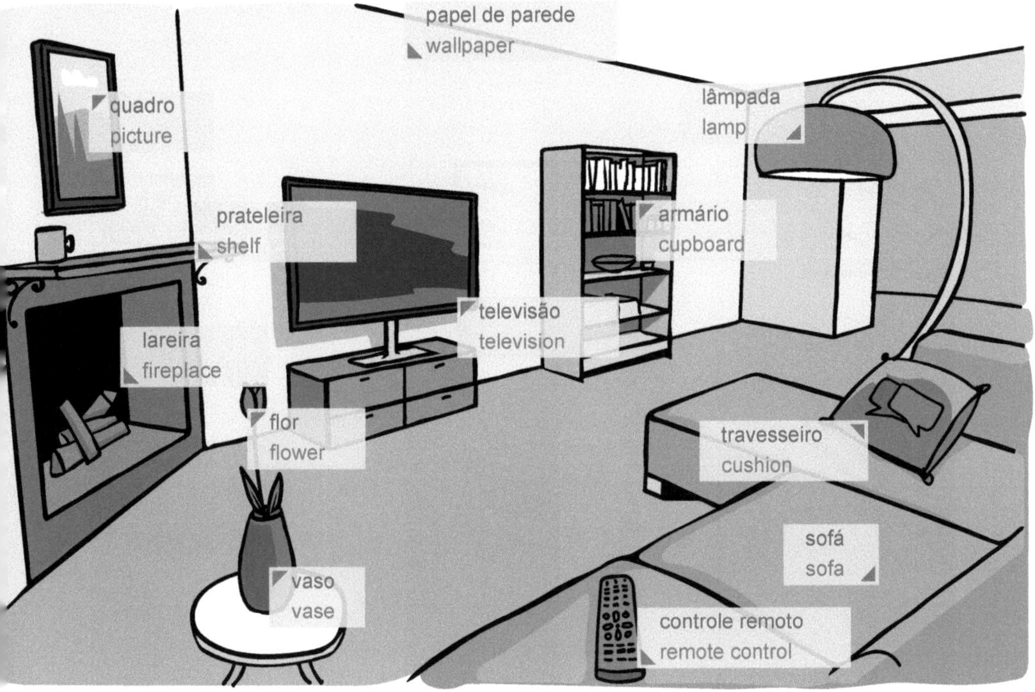

papel de parede
wallpaper
quadro
picture
lâmpada
lamp
prateleira
shelf
armário
cupboard
televisão
television
lareira
fireplace
flor
flower
travesseiro
cushion
sofá
sofa
vaso
vase
controle remoto
remote control

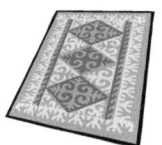

tapete

carpet

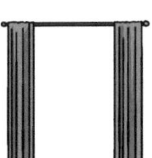

cortina

curtain

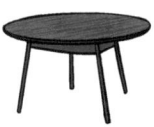

mesa

table

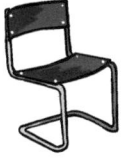

cadeira

chair

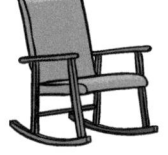

cadeira de balanço

rocking chair

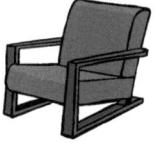

poltrona

armchair

livro

book

cobertor

blanket

decoração

decoration

lenha

firewood

filme

film

equipamento de som

hi-fi equipment

chave

key

jornal

newspaper

pintura

painting

pôster

poster

rádio

radio

bloco de notas

notepad

aspirador

hoover

cacto

cactus

vela

candle

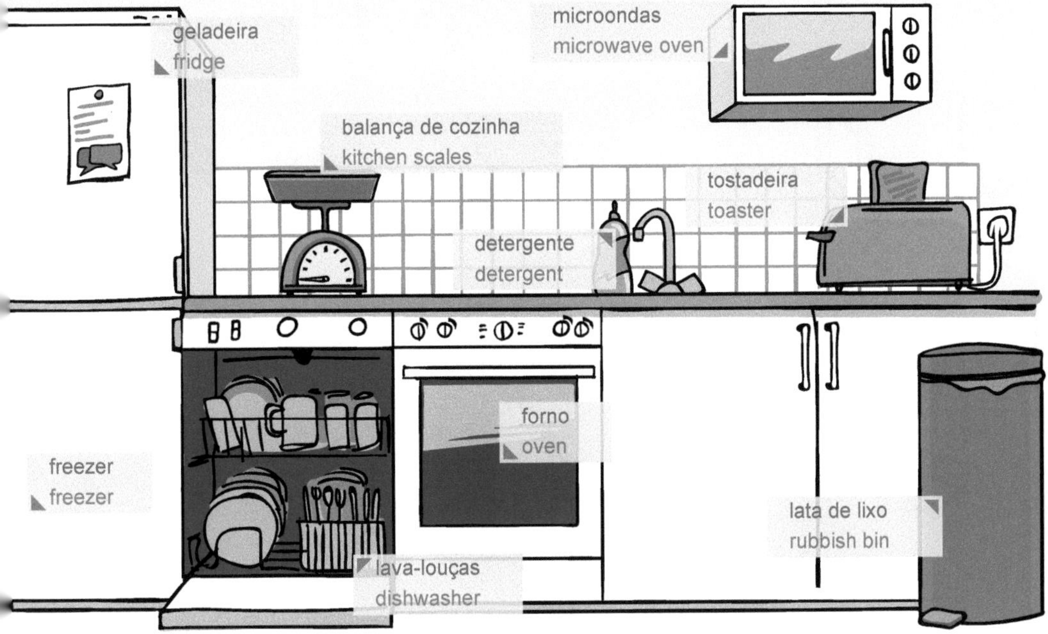

geladeira
fridge

microondas
microwave oven

balança de cozinha
kitchen scales

tostadeira
toaster

detergente
detergent

forno
oven

freezer
freezer

lata de lixo
rubbish bin

lava-louças
dishwasher

fogão

cooker

panela

pot

panela de ferro

cast-iron pot

wok / kadai

wok / kadai

frigideira

pan

chaleira

kettle

panela a vapor

steamer

tabuleiro de forno

baking tray

louça

crockery

caneca

mug

caçarola

bowl

hashi

chopsticks

concha de sopa

ladle

espátula

spatula

batedor

whisk

escorredor

strainer

peneira

sieve

ralador

grater

almofariz

mortar

churrasqueira

barbecue

lareira

open fire

tábua de cortar

chopping board

rolo da massa

rolling pin

saca-rolhas

corkscrew

lata

can

abridor de latas

can opener

pegador de panela

pot holder

pia

sink

escova

brush

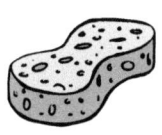

esponja

sponge

liquidificador

blender

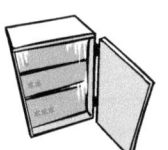

congelador

deep freezer

mamadeira

baby bottle

torneira

tap

banheiro
bathroom

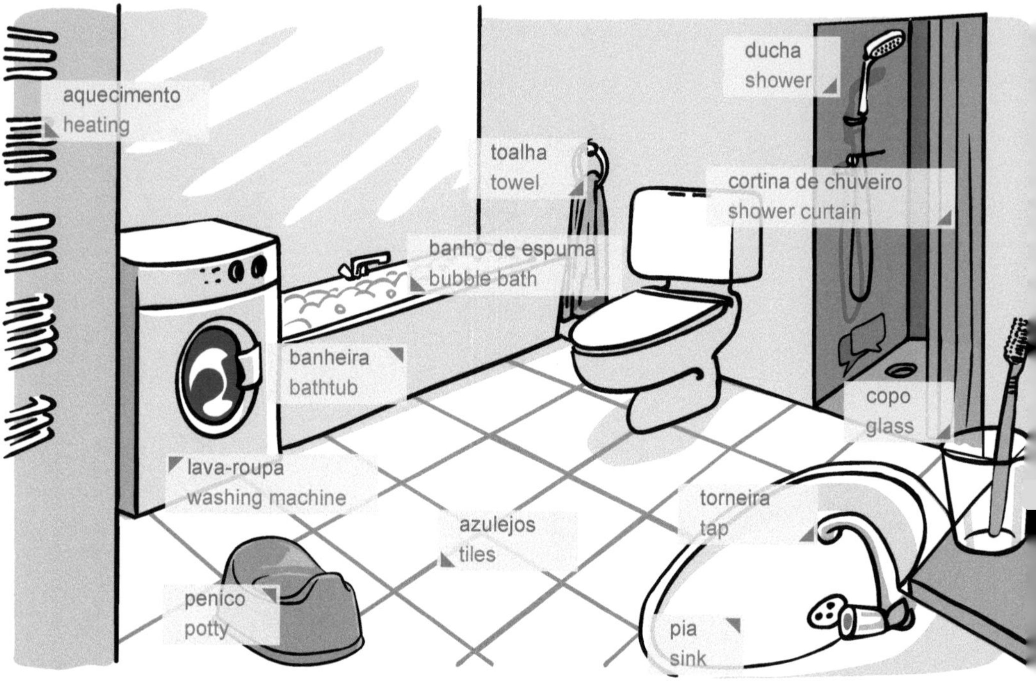

aquecimento
heating

ducha
shower

toalha
towel

cortina de chuveiro
shower curtain

banho de espuma
bubble bath

banheira
bathtub

copo
glass

lava-roupa
washing machine

azulejos
tiles

torneira
tap

penico
potty

pia
sink

vaso sanitário

toilet

lavabo de agachar

squat toilet

bidê

bidet

mictório

urinal

papel higiênico

toilet paper

escova de privada

toilet brush

escova de dentes

toothbrush

pasta de dentes

toothpaste

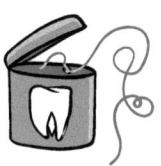

fio dental

dental floss

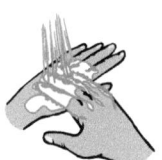

lavar

wash

ducha de mão

handheld shower

ducha íntima

douche

bacia

basin

escova para as costas

back brush

sabonete

soap

gel de banho

shower gel

xampu

shampoo

toalha de rosto

flannel

escoamento

drain

creme

cream

desodorante

deodorant

espelho

mirror

espelho de mão

hand mirror

barbeador

razor

espuma de barbear

shaving foam

loção pós-barba

aftershave

pente

comb

escova

brush

secador de cabelo

hair dryer

spray de cabelo

hairspray

maquiagem

makeup

batom

lipstick

esmalte de unhas

nail varnish

algodão

cotton wool

tesoura para unhas

nail scissors

perfume

perfume

nécessaire

washbag

banquinho

stool

balança

weighing scale

roupão de banho

bathrobe

luvas de borracha

rubber gloves

absorvente interno

tampon

absorvente íntimo

sanitary towel

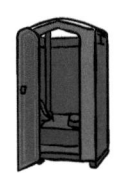

banheiro químico

chemical toilet

quarto de criança
child's room

despertador
alarm clock
boneco de pelúcia
cuddly toy
carrinho de brinquedo
toy car
chacoalho
rattle
casa de bonecas
doll's house
presente
present

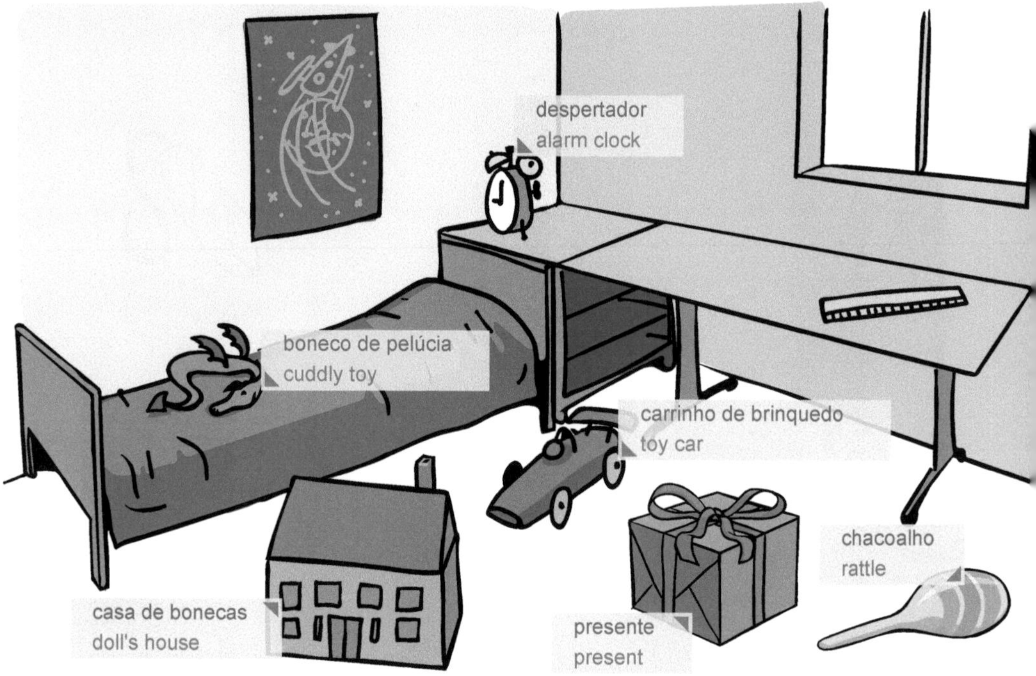

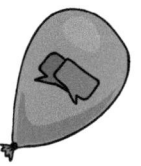

balão
balloon

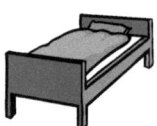

cama
bed

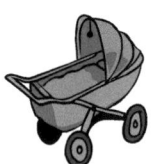

carrinho de bebê
pram

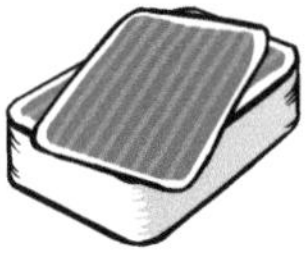

jogo de cartas
deck of cards

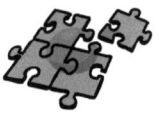

quebra-cabeças
jigsaw

SUPER MEGA

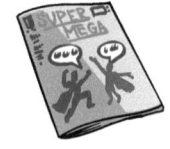

revista de quadrinhos
comic

peças de Lego

lego bricks

blocos de construção

building blocks

figura de ação

action figure

macaquinho de bebê

babygrow

frisbee

frisbee

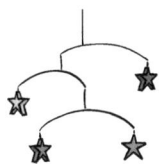

móbile para bebé

mobile

jogo de tabuleiro

board game

dados

dice

trenzinho elétrico

model train set

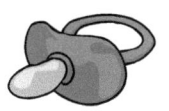

chupeta

dummy

festa

party

livro ilustrado

picture book

bola

ball

boneca

doll

brincar

play

caixa de areia
sandpit

balanço
swing

brinquedos
toys

videogame
video game console

triciclo
tricycle

ursinho de pelúcia
teddy bear

guarda-roupa
wardrobe

meias
socks

meias pelo joelho
stockings

meias-calças
tights

cachecol
scarf

guarda-chuva
umbrella

cinto
belt

camiseta
t-shirt

botas
boots

chinelos
slippers

tênis
trainers

| sandálias | sapatos | botas de borracha |
| sandals | shoes | rubber boots |

| roupa de baixo | sutiã | camiseta de baixo |
| underpants | bra | vest |

body
body

calças
trousers

jeans
jeans

saia
skirt

blusa
blouse

camisa
shirt

pulôver
pullover

suéter com capuz
hoodie

blazer
blazer

jaqueta
jacket

casaco
coat

gabardine
raincoat

traje
costume

vestido
dress

vestido de casamento
wedding dress

terno

suit

camisola

nightgown

pijama

pyjamas

sari

sari

lenço de cabeça

headscarf

turbante

turban

burca

burqa

cafetã

kaftan

abaya

abaya

maiô

swimsuit

sunga

trunks

shorts

shorts

roupa de treino

tracksuit

avental

apron

luvas

gloves

botão

button

óculos

glasses

pulseira

bracelet

colar

necklace

anel

ring

brinco

earring

boné

cap

cabide

coat hanger

chapéu

hat

gravata

tie

zíper

zip

capacete

helmet

suspensórios

braces

uniforme escolar

school uniform

uniforme

uniform

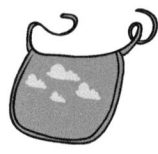

babador
bib

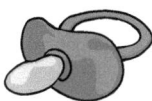

chupeta
dummy

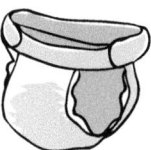

fralda
nappy

escritório
office

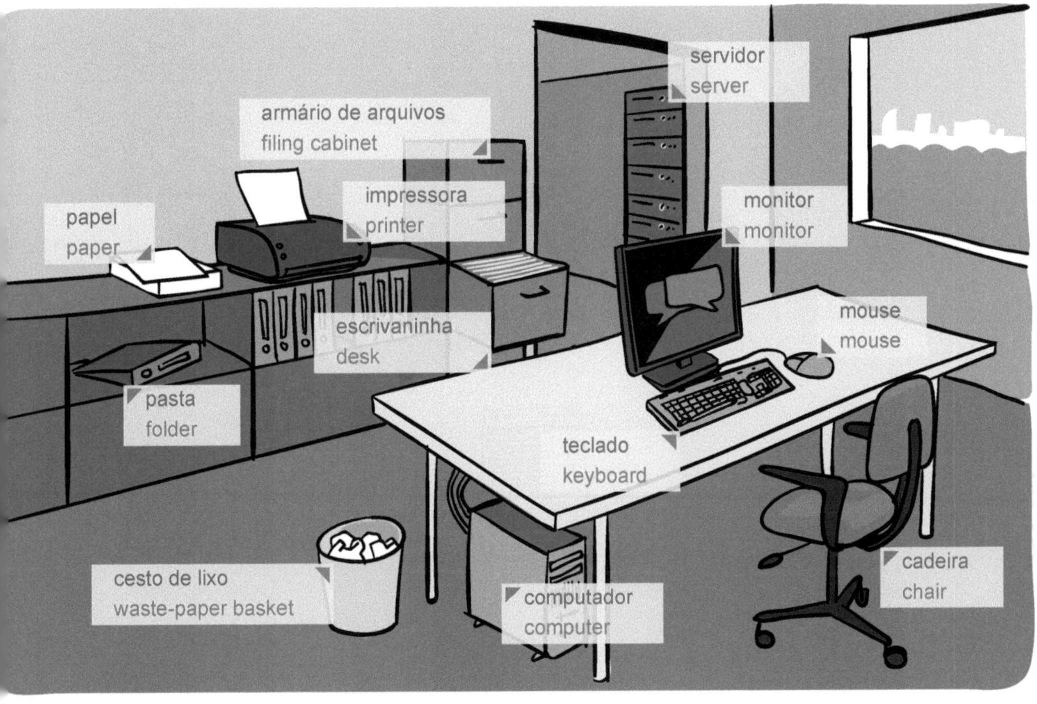
servidor
server
armário de arquivos
filing cabinet
impressora
printer
papel
paper
monitor
monitor
mouse
mouse
escrivaninha
desk
pasta
folder
teclado
keyboard
cadeira
chair
cesto de lixo
waste-paper basket
computador
computer

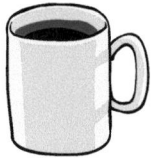

xícara de café
coffee mug

42

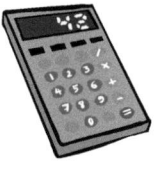

calculadora
calculator

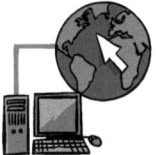

internet
internet

laptop
laptop

carta
letter

mensagem
message

celular
mobile

rede
network

copiadora
photocopier

software
software

telefone
telephone

tomada
plug socket

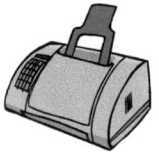

fax
fax machine

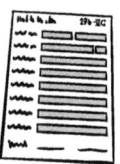

formulário
form

documento
document

comprar

buy

pagar

pay

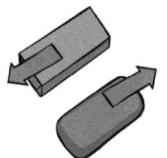

negociar

trade

dinheiro

money

Dólar

dollar

Euro

euro

Yen

yen

rublo

rouble

franco suíço

Swiss franc

renminbi yuan

renminbi yuan

rupia

rupee

caixa eletrônico

cashpoint

casa de câmbio
bureau de change

ouro
gold

prata
silver

petróleo
oil

energia
energy

preço
price

contrato
contract

imposto
tax

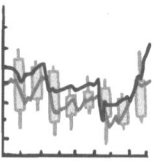

ação
stock

trabalhar
work

empregado
employee

empregador
employer

fábrica
factory

loja
shop

profissões
occupations

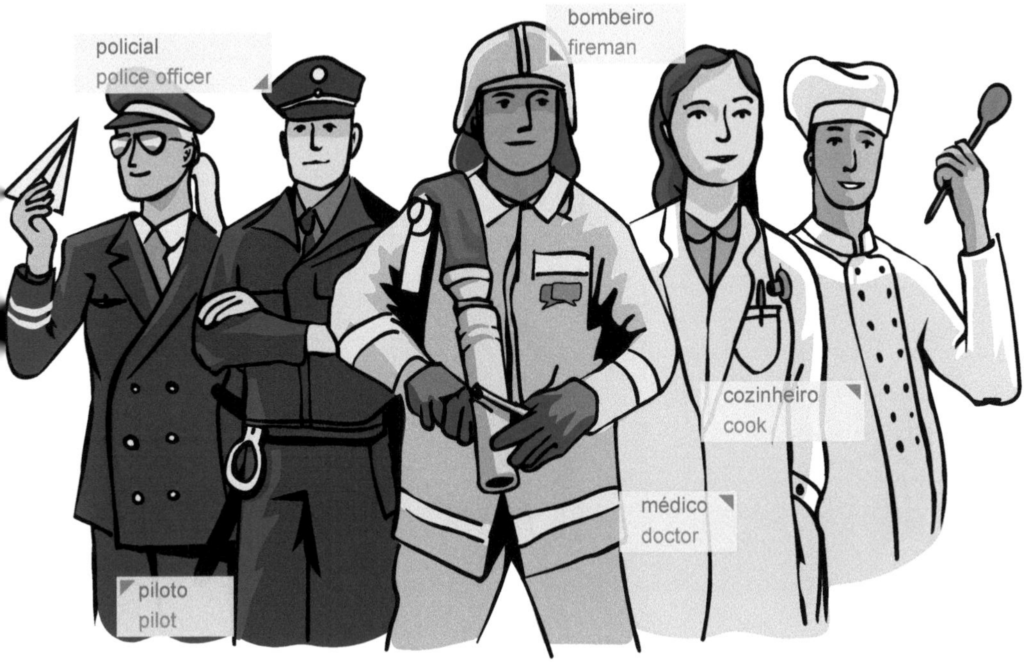
bombeiro
fireman
policial
police officer
cozinheiro
cook
médico
doctor
piloto
pilot

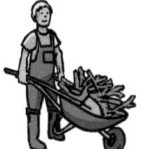

jardineiro

gardener

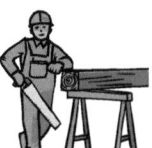

marceneiro

carpenter

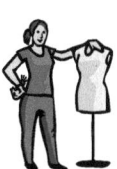

costureira

seamstress

juiz

judge

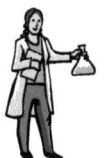

químico

chemist

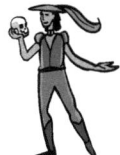

ator

actor

motorista de ônibus

bus driver

motorista de táxi

taxi driver

pescador

fisherman

faxineira

cleaning lady

telhador

roofer

garçom

waiter

caçador

hunter

pintor

painter

padeiro

baker

eletricista

electrician

construtor

builder

engenheiro

engineer

açougueiro

butcher

encanador

plumber

carteiro

postman

soldado `
soldier

arquiteto
architect

caixa
cashier

florista
florist

cabelereiro
hairdresser

condutor
conductor

mecânico
mechanic

capitão
captain

dentista
dentist

cientista
scientist

rabino
rabbi

imam
imam

monge
monk

pastor
clergyman

ferramentas
tools

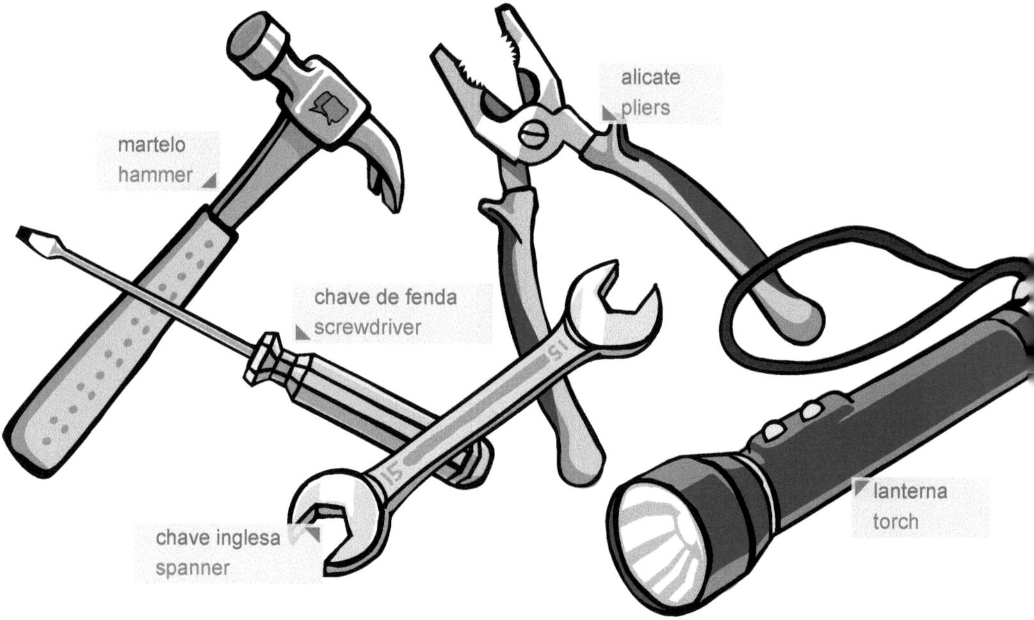

martelo
hammer
alicate
pliers
chave de fenda
screwdriver
chave inglesa
spanner
lanterna
torch

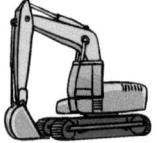

escavadora

digger

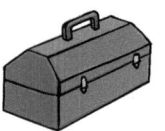

caixa de ferramentas

toolbox

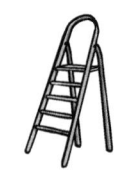

escada de mão

ladder

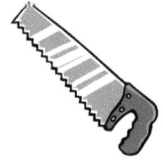

serra

saw

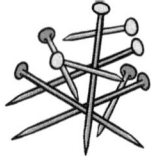

pregos

nails

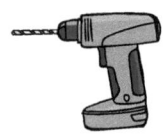

furadeira

drill

consertar
repair

pá
shovel

Droga!
Damn!

pá de lixo
dustpan

pote de tinta
paint pot

parafusos
screws

instrumentos musicais
musical instruments

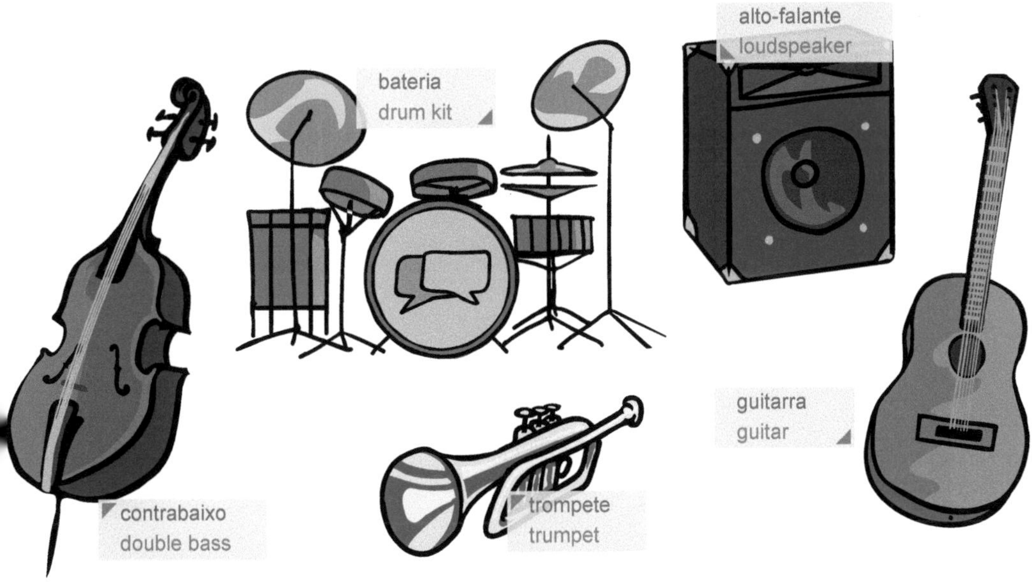

bateria
drum kit

alto-falante
loudspeaker

guitarra
guitar

contrabaixo
double bass

trompete
trumpet

piano

piano

violino

violin

baixo

bass

timbales

timpani

tambor

drums

teclado

keyboard

saxofone

saxophone

flauta

flute

microfone

microphone

zoológico

zoo

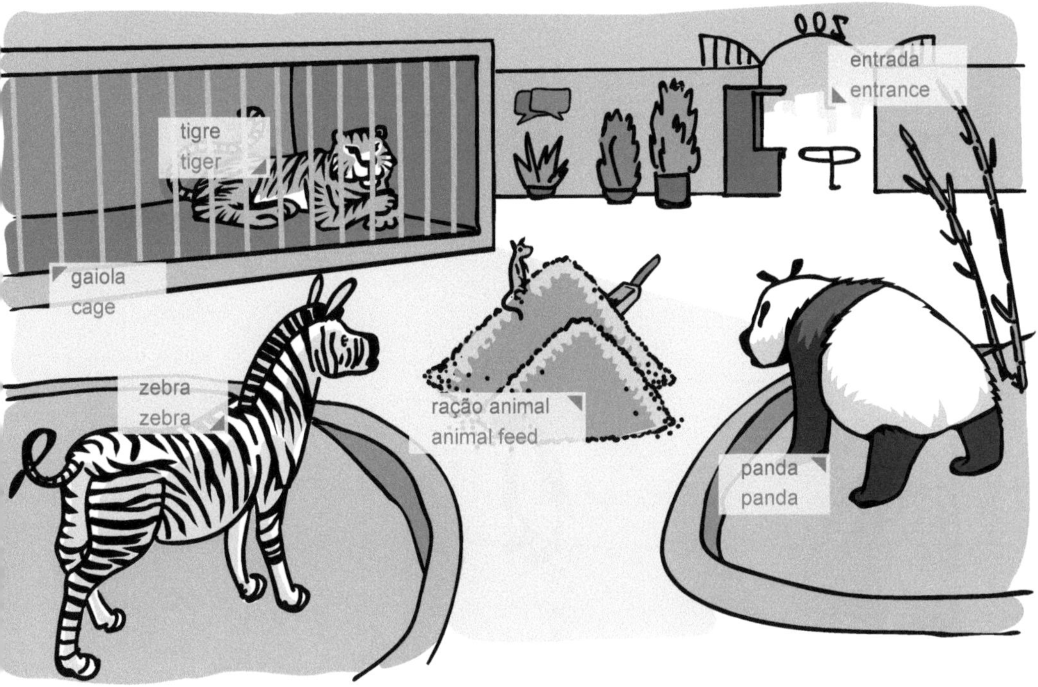

zoo
entrada
entrance
tigre
tiger
gaiola
cage
zebra
zebra
ração animal
animal feed
panda
panda

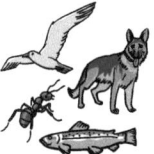

animais

animals

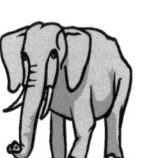

elefante

elephant

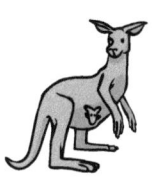

canguru

kangaroo

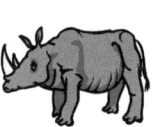

rinoceronte

rhino

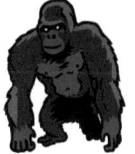

gorila

gorilla

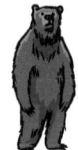

urso

bear

camelo

camel

avestruz

ostrich

leão

lion

macaco

monkey

flamingo

flamingo

papagaio

parrot

urso polar

polar bear

pinguim

penguin

tubarão

shark

pavão

peacock

cobra

snake

crocodilo

crocodile

guarda do zoológico

zookeeper

foca

seal

jaguar

jaguar

pônei

pony

leopardo

leopard

hipopótamo

hippo

girafa

giraffe

águia

eagle

javali

boar

peixe

fish

tartaruga

turtle

morsa

walrus

raposa

fox

gazela

gazelle

zoológico - zoo

futebol americano
American football

ciclismo
cycling

tênis
tennis

basquete
basketball

natação
swimming

boxe
boxing

hóquei no gelo
ice hockey

futebol
football

badminton
badminton

atletismo
athletics

handebol
handball

esqui
skiing

polo
polo

atividades
activities

pular
jump
abraçar
hug
rir
laugh
andar
walk
cantar
sing
sonhar
dream
rezar
pray
beijar
kiss

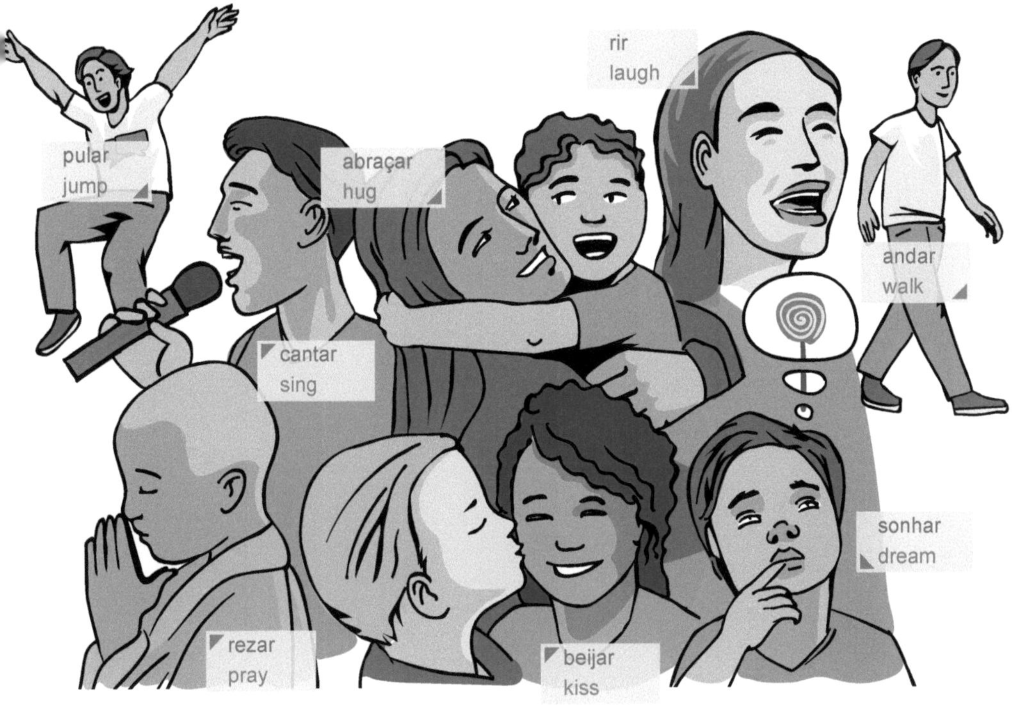

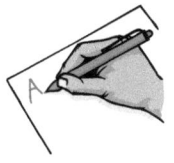

escrever
write

desenhar
draw

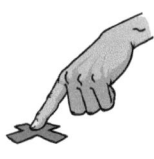

mostrar
show

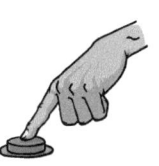

empurrar
push

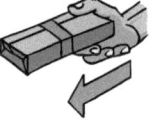

dar
give

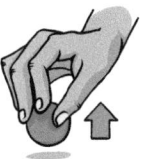

tomar
take

ter
have

fazer
do

ser
be

ficar de pé
stand

correr
run

puxar
pull

jogar
throw

cair
fall

deitar
lie

esperar
wait

carregar
carry

sentar
sit

vestir
get dressed

dormir
sleep

despertar
wake up

olhar para
look at

chorar
cry

acariciar
stroke

pentear
comb

falar
talk

entender
understand

perguntar
ask

ouvir
listen

beber
drink

comer
eat

arrumar
tidy up

amar
love

cozinhar
cook

dirigir
drive

voar
fly

atividades - activities

velejar

sail

calcular

calculate

ler

read

aprender

learn

trabalhar

work

casar

marry

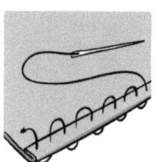

costurar

sew

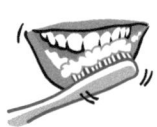

escovar os dentes

brush teeth

matar

kill

fumar

smoke

enviar

send

família
family

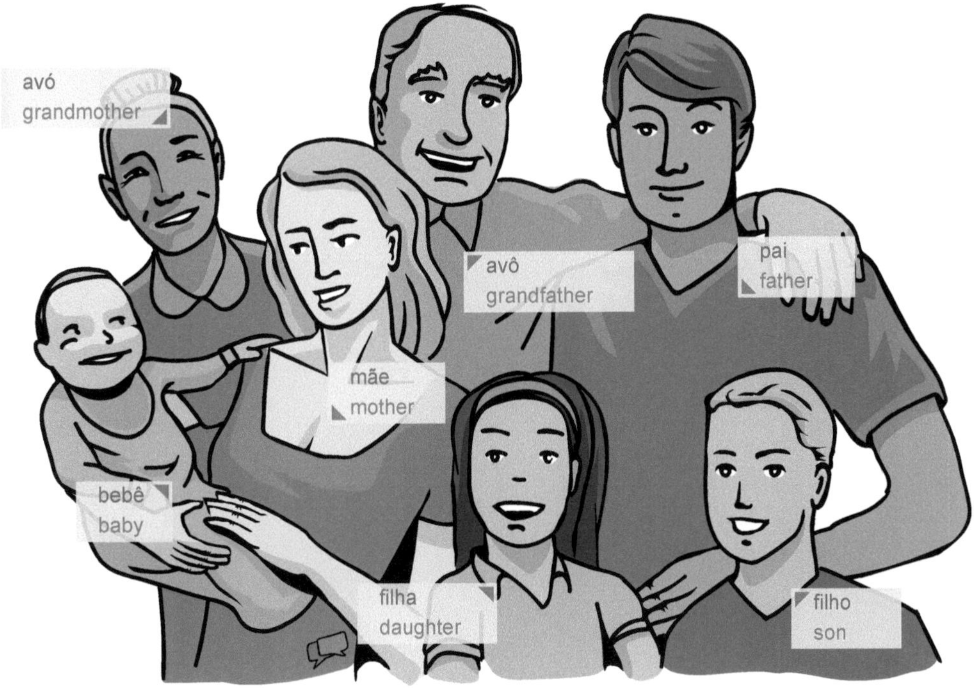

avó
grandmother
avô
grandfather
pai
father
mãe
mother
bebê
baby
filha
daughter
filho
son

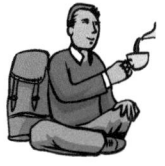

convidado

guest

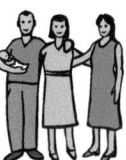

tia

aunt

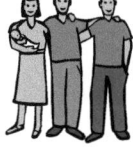

tio

uncle

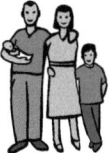

irmão

brother

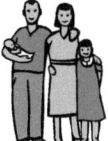

irmã

sister

corpo

body

testa
forehead
olho
eye
ombro
shoulder
dedo
finger
rosto
face
queixo
chin
mão
hand
perna
leg
peito
breast
braço
arm

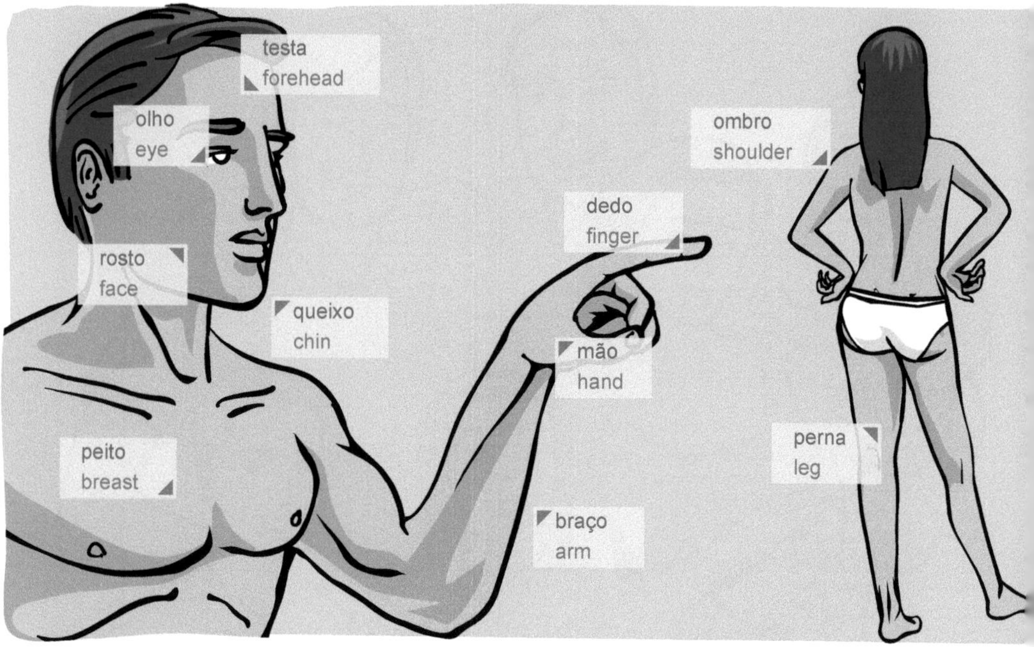

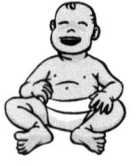

bebê

baby

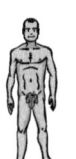

homem

man

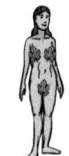

mulher

woman

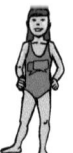

menina

girl

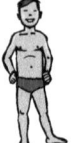

menino

boy

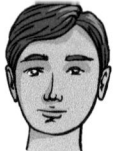

cabeça

head

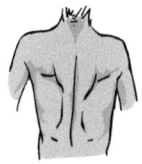

costas

back

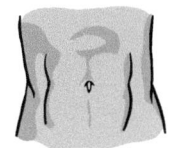

barriga

belly

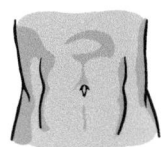

umbigo

belly button

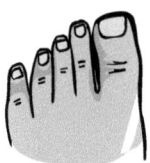

dedo do pé

toe

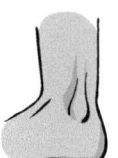

calcanhar

heel

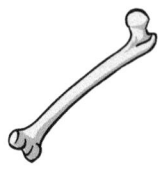

osso

bone

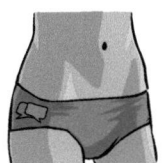

anca

hip

joelho

knee

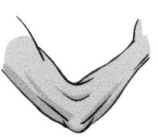

cotovelo

elbow

nariz

nose

nádegas

bottom

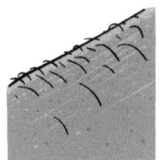

pele

skin

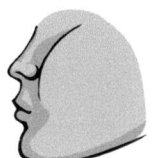

bochecha

cheek

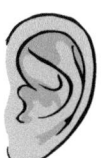

orelha

ear

lábio

lip

corpo - body

69

boca

mouth

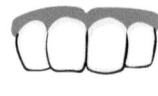

dente

tooth

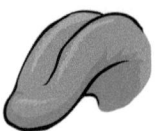

língua

tongue

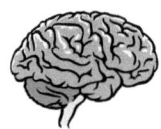

cérebro

brain

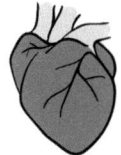

coração

heart

músculo

muscle

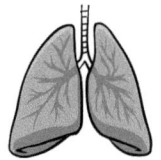

pulmão

lung

fígado

liver

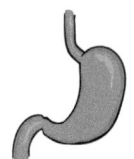

estômago

stomach

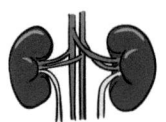

rins

kidneys

relações sexuais

sex

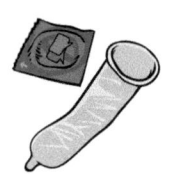

preservativo

condom

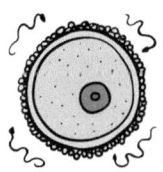

óvulo

ovum

esperma

semen

gravidez

pregnancy

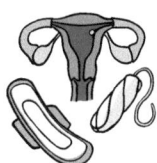

menstruação
menstruation

vagina
vagina

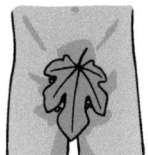

pênis
penis

sobrancelha
eyebrow

cabelo
hair

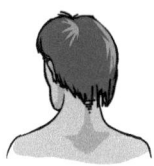

pescoço
neck

hospital
hospital

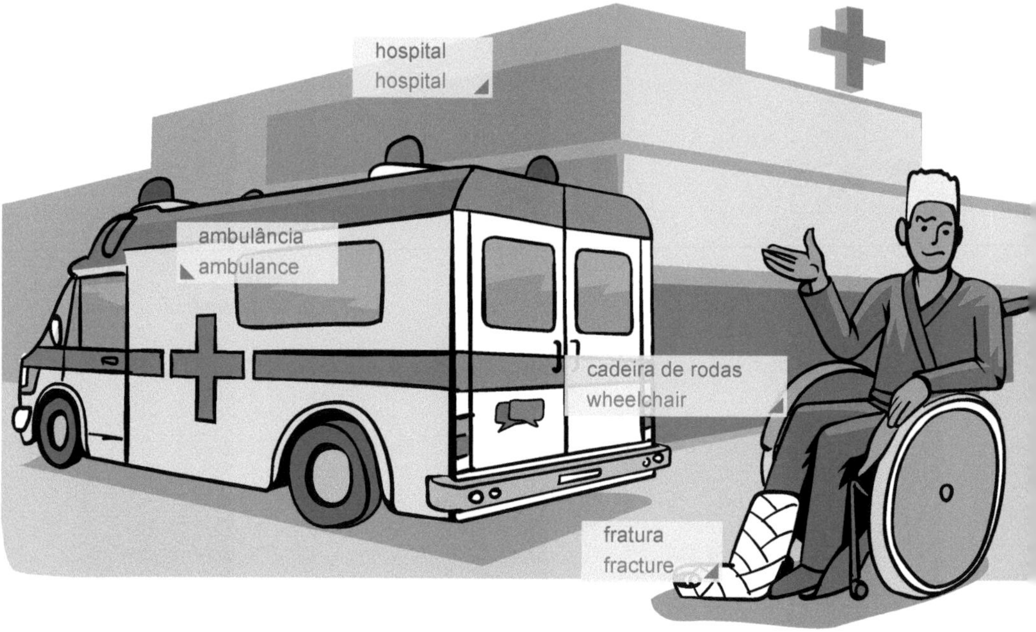

hospital
hospital
ambulância
ambulance
cadeira de rodas
wheelchair
fratura
fracture

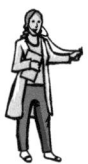

médico
doctor

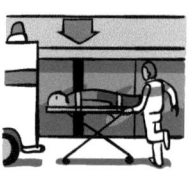

pronto-socorro
emergency room

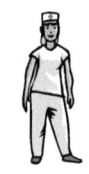

enfermeira
nurse

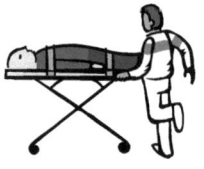

emergência
emergency

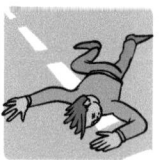

inconsciente
unconscious

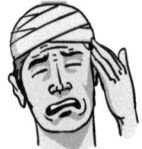

dor
pain

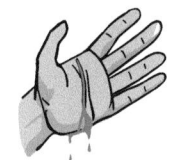

ferimento

injury

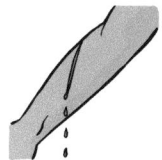

hemorragia

bleeding

ataque cardíaco

heart attack

acidente vacular cerebral

stroke

alergia

allergy

tosse

cough

febre

fever

gripe

flu

diarreia

diarrhoea

dor de cabeça

headache

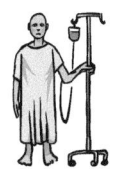

câncer

cancer

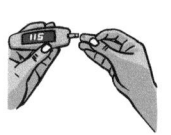

diabetes

diabetes

cirurgião

surgeon

bisturi

scalpel

operação

operation

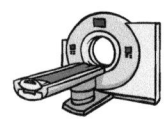

CT
CT

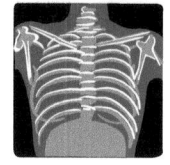

raio x
x-ray

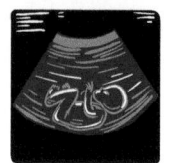

ultrassom
ultrasound

máscara
face mask

doença
disease

sala de espera
waiting room

muleta
crutch

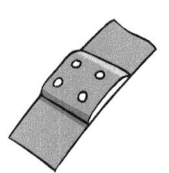

bandeide
plaster

ligadura
bandage

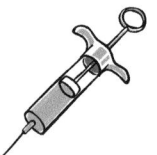

injeção
injection

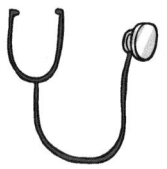

estetoscópio
stethoscope

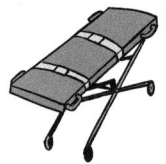

maca
stretcher

termômetro
clinical thermometer

nascimento
birth

excesso de peso
overweight

aparelho auditivo

hearing aid

desinfetante

disinfectant

infecção

infection

vírus

virus

HIV / AIDS

HIV / AIDS

medicamento

medicine

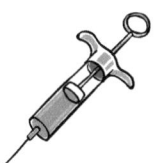

vacinação

vaccination

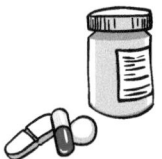

comprimidos

tablets

pílula

pill

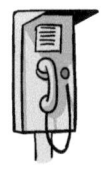

chamada de emergência

emergency call

dispositivo de medição de
pressão arterial

blood pressure monitor

doente / saudável

ill / healthy

Socorro!

Help!

alarme

alarm

assalto

assault

ataque

attack

perigo

danger

saída de emergência

emergency exit

Fogo!

Fire!

extintor de incêndios

fire extinguisher

acidente

accident

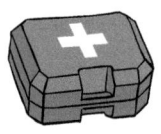

maleta de primeiros socorros

first-aid kit

SOS

SOS

polícia

police

Europa

Europe

América do Norte

North America

América do Sul

South America

África

Africa

Ásia

Asia

Austrália

Australia

Atlântico

Atlantic

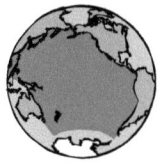

Pacífico

Pacific

Oceano Índico

Indian Ocean

Oceano Antártico

Antarctic Ocean

Oceano Ártico

Arctic Ocean

Polo Norte

North Pole

Polo Sul

South Pole

Antártica

Antarctica

Terra

Earth

terra

land

mar

sea

ilha

island

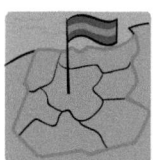

nação

nation

estado

state

mostrador do relógio

clock face

ponteiro das horas

hour hand

ponteiro dos minutos

minute hand

ponteiro dos segundos

second hand

Que horas são?

What time is it?

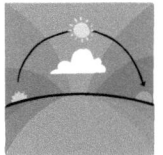

dia

day

tempo

time

agora

now

relógio digital

digital watch

minuto

minute

hora

hour

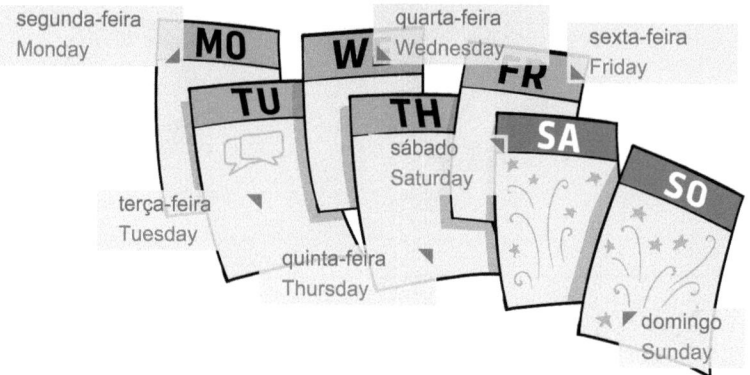

segunda-feira
Monday

quarta-feira
Wednesday

sexta-feira
Friday

terça-feira
Tuesday

sábado
Saturday

quinta-feira
Thursday

domingo
Sunday

ontem
yesterday

hoje
today

amanhã
tomorrow

manhã
morning

meio-dia
noon

entardecer
evening

dias úteis
business days

fim de semana
weekend

ano
year

chuva
rain
arco-íris
rainbow
neve
snow
vento
wind
primavera
spring
outono
autumn
verão
summer
inverno
winter

4.APRIL 11°
5.APRIL 4°
6.APRIL 13°
7.APRIL 8°
8.APRIL 10°

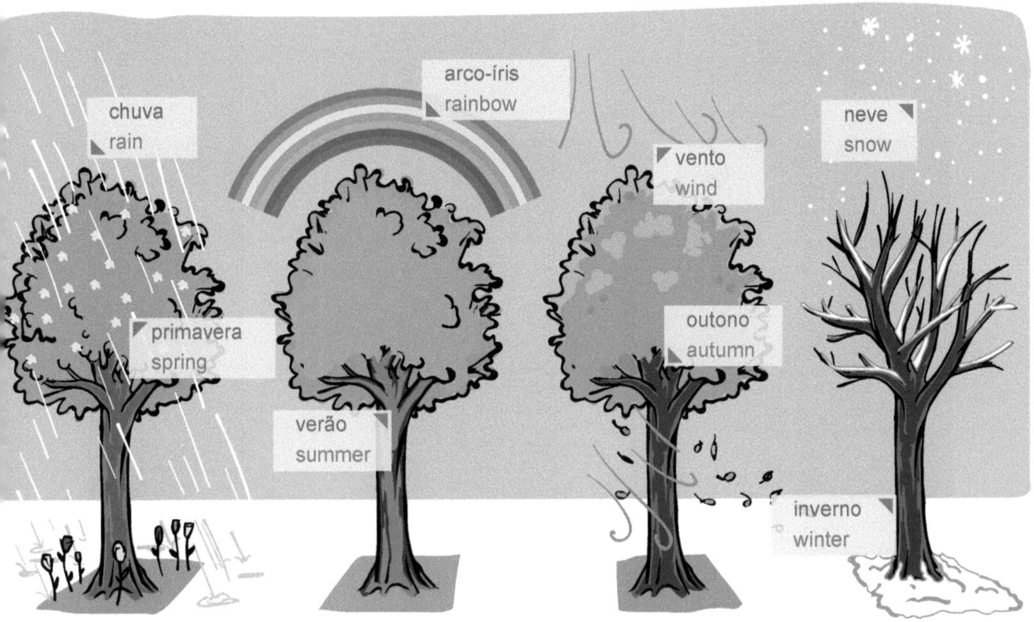

previsão do tempo

weather forecast

F
C
120
90
60
30
0
-30
40
30
20
10
0
-10
-20

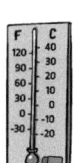

termômetro

thermometer

raio de sol

sunshine

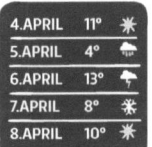

nuvem

cloud

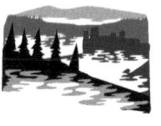

neblina / nevoeiro

fog

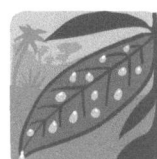

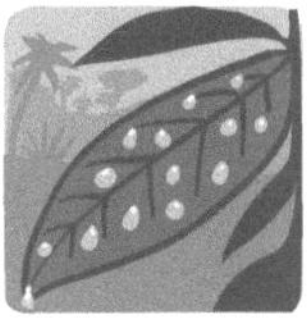

umidade do ar

humidity

relâmpago

lightning

trovão

thunder

tempestade

storm

granizo

hail

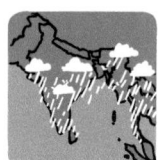

monção

monsoon

inundação

flood

gelo

ice

janeiro

January

fevereiro

February

março

March

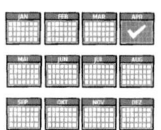

abril

April

maio

May

junho

June

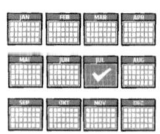

julho

July

agosto

August

setembro
September

outubro
October

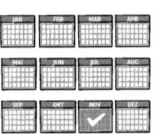

novembro
November

dezembro
December

formas

shapes

círculo
circle

quadrado
square

retângulo
rectangle

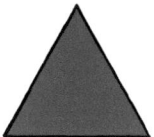

triângulo
triangle

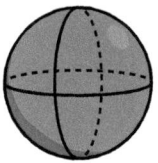

esfera
sphere

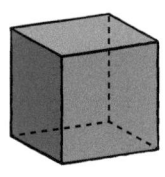

cubo
cube

cores

colours

branco

white

amarelo

yellow

laranja

orange

rosa

pink

vermelho

red

lilás

purple

azul

blue

verde

green

marrom

brown

cinza

grey

preto

black

muito / pouco

a lot / a little

furioso / tranquilo

angry / calm

lindo / feio

beautiful / ugly

começo / fim

beginning / end

grande / pequeno

big / small

claro / escuro

bright / dark

irmão / irmã

brother / sister

limpo / sujo

clean / dirty

completo / incompleto

complete / incomplete

dia / noite

day / night

morto / vivo

dead / alive

largo / estreito

wide / narrow

comestível / não comestível

edible / inedible

mau / gentil

evil / kind

entusiasmado / entediado

excited / bored

gordo / magro

fat / thin

primeiro / último

first / last

amigo / inimigo

friend / enemy

cheio / vazio

full / empty

duro / macio

hard / soft

pesado / leve

heavy / light

fome / sede

hunger / thirst

doente / saudável

ill / healthy

ilegal / legal

illegal / legal

inteligente / idiota

intelligent / stupid

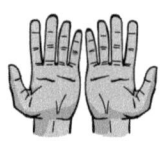

esquerda / direita

left / right

perto / longe

near / far

novo / usado

new / used

nada / alguma coisa

nothing / something

velho / jovem

old / young

ligado / desligado

on / off

aberto / fechado

open / closed

baixo / alto

quiet / loud

rico / pobre

rich / poor

certo / errado

right / wrong

áspero / liso

rough / smooth

triste / feliz

sad / happy

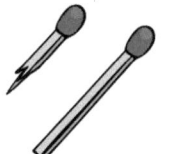

curto / longo

short / long

lento / rápido

slow / fast

molhado / seco

wet / dry

ameno / fresco

warm / cool

guerra / paz

war / peace

0	**1**	**2**
zero	um	dois
zero	one	two
3	**4**	**5**
três	quatro	cinco
three	four	five
6	**7**	**8**
seis	sete	oito
six	seven	eight
9	**10**	**11**
nove	dez	onze
nine	ten	eleven

12

doze
....
twelve

13

treze
....
thirteen

14

quatorze
....
fourteen

15

quinze
....
fifteen

16

dezesseis
....
sixteen

17

dezessete
....
seventeen

18

dezoito
....
eighteen

19

dezenove
....
nineteen

20

vinte
....
twenty

100

cem
....
hundred

1.000

mil
....
thousand

1.000.000

milhão
....
million

números - numbers

idiomas
languages

inglês

English

inglês americano

American English

chinês mandarim

Chinese Mandarin

hindi

Hindi

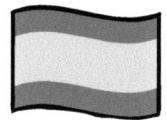

espanhol

Spanish

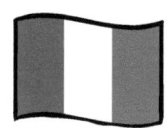

francês

French

árabe

Arabic

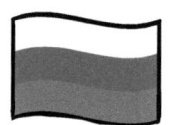

russo

Russian

português

Portuguese

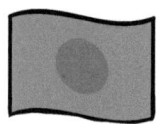

bengalês

Bengali

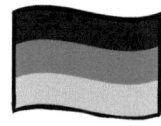

alemão

German

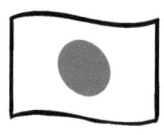

japonês

Japanese

eu

I

você

you

ele / ela

he / she / it

nós

we

vocês

you

eles / elas

they

quem?

who?

O quê?

what?

como?

how?

onde?

where?

Quando?

when?

nome

name

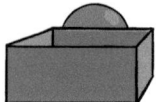

atrás

behind

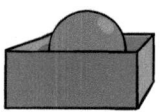

em

in

na frente de

in front of

sobre

over

em cima

on

debaixo

under

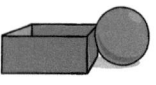

do lado

beside

entre

between

lugar

place